Aylin Rauh
Mehr als 12.000 Wörter

Aylin Rauh

Mehr als 12.000 Wörter

Rediroma-Verlag

Bibliografische Information der Deutschen Nationalbibliothek:
Die Deutsche Nationalbibliothek verzeichnet diese Publikation in der Deutschen Nationalbibliografie; detaillierte bibliografische Daten sind im Internet über http://portal.dnb.de abrufbar.

ISBN 978-3-98527-116-0

www.rediroma-verlag.de
6,95 Euro (D)

Inhalt

Ich glaube, das nennt man Vorwort

Ihr werdet euch wahrscheinlich fragen, warum ihr das Buch in der Hand habt oder warum ihr das Buch von Anfang bis Ende weiterlesen solltet. Vielleicht ist euch der merkwürdige Titel ins Auge gefallen und hat euch neugierig gemacht. Vielleicht habt ihr es geschenkt bekommen oder es ist wie aus Zauberhand in eure Tasche gewandert.

Warum habe ich dieses Buch geschrieben? Mir ist aufgefallen, dass viele Menschen in meiner Altersgruppe immer lauter werden und etwas bewegen möchten. Ihren eigenen Beitrag für Veränderungen leisten möchten, Spuren hinterlassen wollen, ihre eigenen Gedanken haben, Meinungen standhafter und klarer werden. Und zu diesen Menschen gehöre auch ich. Das wäre der erste Punkt.

Außerdem gehört das Schreiben seit klein auf zu meinen größten Leidenschaften. Texte verfassen, Gedanken und Gefühle in Worten wiedergeben. Ich finde, Wörter sind mit eine der größten Geschenke – aber auch Waffen, die ein Mensch nach seinem Verstand einsetzt. Durch Worte kann man so viel anrichten, zerstören, aber auch ausdrücken, Gefühle vermitteln und Menschen das Tor in eine andere Welt öffnen.

Mit diesem Buch möchte ich euch meine Ansichten zu den unterschiedlichsten Themen zeigen. Manche Sachen sind mir auch selbst passiert, was zu meinen heutigen Standpunkten und Meinungen geführt hat. Unter anderem möchte ich euch dazu ermutigen, euch aufzurichten und zu euren Idealen zu stehen. Die Gesellschaft verändert sich seit Jahren in eine Richtung, in der man die Stopp-Taste drücken muss. Homophobie, Rassismus oder Schubladendenken: Wir müssen lernen, offener und ehrlicher zu werden, über den Tellerrand hinauszuschauen, wir müssen lernen, vor unserer eigenen Haustür zu kehren, bevor wir mit dem Zeigefinger auf andere Leute zeigen. Und genau das möchte ich mit diesen Texten zeigen.

Natürlich werden sich einige denken: Warum sollte ich mich mit den Texten von einer 21-Jährigen auseinandersetzen, von der ich noch nie etwas gehört habe? Und das nehme ich euch nicht übel. Aber ich habe mir nie Gedanken darüber gemacht, wie viele oder warum Menschen sich die Frage stellen, was ich mache oder warum ich dieses Buch geschrieben habe. Ich für meinen Teil habe es einfach nur gemacht. Die Gründe und Anlässe überlasse ich euch.

So, wie es mir überlassen wurde, dieses Buch zu schreiben …

Anmerkung: Dieses Buch spiegelt nur meine Gedanken und Ansichten zu gewissen Themen wider, die mich beschäftigen. Menschen, die nicht mit mir einer Meinung sind, müssen es auch nicht sein! Jeder hat seinen eigenen Standpunkt, genau das macht unsere Gesellschaft in meinen Augen aus. Peace!

Wer. Bin. Ich?

Bevor es nun mit den Texten losgeht, erlaubt mir mich vorzustellen. Ich bin Aylin. 21 Jahre alt. Münchnerin, aber trotzdem Bauer im Herzen. Eine rassige Journalismus-Studentin, geboren in der Stadt, die es nicht gibt. Aufgewachsen auf dem schönen bayerischen Land nahe Ingolstadt, zwischen Hopfen, Hundehaaren und unzähligen Weiten aus Feldern in den unterschiedlichsten Grüntönen. Schnell meine Liebe zu Bier, Goaßmass und Schreiben entdeckt. Mittlerweile hat es mich nach München verschlagen, die Stadt wird mich in den nächsten Jahren nicht loswerden. Ob das Glück oder Pech ist, überlasse ich meinen Mitmenschen.

Aufgrund meiner türkisch-indischen Ausstrahlung verwundere ich gefühlt jeden mit meinen ausgesprochen faszinierenden Bayerisch-Kenntnissen.

Also ein herzliches Servus von meiner Seite.

Wie man mich am besten beschreiben würde? Laut, stur wie Esel sein Vater – das sagt man in unserer Generation so – verträumt, nachdenklich, temperamentvoll und tollpatschig.

Erst letzte Woche bin ich aus meinem Bett geflogen, weil ich zu faul war, aufzustehen und mein

Trinken zu holen. Anscheinend hat der Abstand zwischen Flasche und Bett mit der Länge meines Armes nicht so gut gepasst.

Das Herz am richtigen Fleck und auf der Zunge, direkt, aufbrausend. Ich würde mich an der Stelle mal aus dem Fenster lehnen und behaupten, dass man mich schon als zielstrebig bezeichnen kann.

Falls Biertrinken und Lachen als Sportart gilt, kann man mich in die Kategorie Leistungssportler einordnen.

Mehr gibt es an dieser Stelle nicht zu erzählen. Außer dass ich euch viel Spaß beim Lesen wünsche. Wenn ihr das Buch verwendet, damit euer Schreibtisch oder euer Sofa nicht mehr wackelt, dann freut mich das ebenso.

Hätte man kein Leben, so hätte man keine Chance zu leben

Würde man das Wort *Leben* in Google eingeben, dann könnte man sich vor lauter Definitionen oder anderen Begriffen gar nicht mehr retten. Viel zu viele Wörter oder Fachseiten würden einem vorgeschlagen werden, man hätte gar keinen Überblick mehr und das Hirn wäre so Matsche, als hätte man drei Stunden Capital Bra gehört. Nun möchte ich meine Definition von Leben mit euch teilen.

Leben. Laut meiner eigenen Definition ist es eine Chance. Jetzt werden sich einige von euch denken, „was labert die eigentlich", aber wenn ihr genauer darüber nachdenkt werdet ihr mit Sicherheit verstehen, was ich meine. Hätte man kein Leben, so hätte man keine Chance zu leben. Nicht die Möglichkeit, gewisse Momente und Erfahrungen zu erleben, die man jetzt erfährt oder mit denen man in der Vergangenheit konfrontiert wurde – oder konfrontiert werden durfte.

Keine Chance, auf die Schule zu gehen.
Keine Chance, auf dem Spielplatz im Sandkasten zu spielen.
Keine Chance, das Gefühl von Freude und Glück zu spüren.

Keine Chance zu wissen, was Liebe eigentlich bedeutet oder was es heißt, geliebt zu werden.
Keine Chance auf Freunde.
Keine Chance, die krassesten Partys zu feiern oder die schönsten Orte dieser Welt zu entdecken.

Natürlich könnte man sagen, dass das Leben eine Achterbahnfahrt ist und man nie weiß, welches Unglück als nächstes kommt. Dass das Leben von Schattenseiten gekennzeichnet ist und man nicht nur mit den schöneren Sachen vertraut gemacht wird.

Aber ist es nicht genau das, was Leben auch ist?

Die Chance, auch solche Erfahrungen sammeln zu dürfen und daran zu wachsen?
Zu lernen und es beim nächsten Mal besser zu machen?
Trauer, Wut und Enttäuschung zu spüren? Oder sogar Verlust?
Der erste Liebeskummer oder der erste Streit mit einem Freund?
Sich am Ende gegenseitig in den Armen liegen und das Gefühl zu haben, es ist jemand für einen da – auch in schlechten Zeiten?

Egal, was das Leben bringt: Man hat immer die Chance, daran zu wachsen und daraus zu lernen. Man hat die Chance, sich selbst zu finden und seine eigenen Fingerabdrücke in die Welt zu setzen. Verglichen mit früheren Pandemien oder Nachkriegszeiten können wir uns mehr als glücklich schätzen, so ein Leben, so eine Chance zu haben. So viele Möglichkeiten, so viele Chancen, so viele Wege und Träume, die auf uns warten. Aber auch Momente, durch die man lernt, sich nicht von negativen Einflüssen, Schicksalsschlägen runterziehen zu lassen. Sich nicht diese eine Chance zu nehmen, die Flügel auszubreiten und Impressionen, Erfahrungen zu sammeln. Sich nicht die Sicht auf die positiven Dinge des Lebens nehmen lassen. Sie einfach zu sehen, diese Chance.

Eine Chance zu leben!

Jogginghosen und Kater

Mittwoch. Ich öffne meine Augen. Nach einer heftigen Partie Trinkspiele mit meinem Hund, meiner Couch, meinen Eltern und mit meinem Endgegner – der Toilette – versuche ich die innere Karussellfahrt zu ignorieren und stehe auf. Mit dem Gefühl, dass heute irgendwas war. Ich schau auf mein Handy. 9:00 Uhr. Heute war doch irgendwas. Gedankenverloren stapfe ich ins Badezimmer und versuche aus meinem Zombie-Gesicht ein halbes Zombie-Gesicht zu zaubern, mit der Mühe, nicht gegen das Waschbecken zu knallen. Doch irgendwie schaffe ich es dann doch, meine allseits geliebte Jogginghose anzuziehen, die seit Wochen auf Rang Eins meiner Freundesliste steht. Bequem. Einfach. Locker. Hach, ich lieb's!

Ich schaue wieder auf mein Handy. 20 Nachrichten. Und ein verpasster Anruf. Ich öffne meine Messenger.

„Guten Morgen, Schlafmütze. Wo bist du?"

„Aylin, bist du wach?"

„Wir haben schon angefangen"

„Beeil dich mal"

„Ach, haben wir wieder gesoffen"

„Heute ist Vorlesung"

„Wir besprechen heute unsere Projektarbeit"

Hitzeschwellen schwappen durch meinen Körper. ONLINE-VORLESUNG! Verdammt. So schnell, wie mich meine schweren Beine tragen können, renne ich auf meinen Schreibtisch zu und klappe meinen Laptop auf. „Schnell", schreie ich dieses Elektrogerät an, „los, Baby, los. Komm schon!"

Hektisch gebe ich mein Passwort ein. Versuche, Microsoft Teams zu öffnen. Anmeldung fehlgeschlagen. *Melden Sie sich ab und versuchen Sie es erneut*, fordert das Programm. Innerlich verfluche ich das ganze ABC und versuche es erneut. *Anmeldung erfolgreich.* Warum nicht gleich so? Verdammt, welche Vorlesung haben wir denn heute? Zwischen Müdigkeit, panischen Schweißausbrüchen und meiner inneren Karussellfahrt versuche ich mich zu erinnern. Heute ist Mittwoch. Das heißt, wir haben … Orientierungsprojekt. Panisch und ungeduldig suche ich den Kurs auf Teams, bis meine Augen dieses Wort erblicken. Endlich gefunden! Ich klicke drauf. Nachdem ich mein halbes Zombiegesicht in der Kamera sehe und beschließe, lieber die Kamera auszumachen – wozu habe ich dieses sexy Foto als Profilbild – mache ich mein Mikrofon aus und gehe auf TEILNEHMEN. Ich höre eine tiefe Stimme. Mein Professor. Innerlich bete ich, nichts Großartiges verpasst zu haben und versuche, ein Word-

Dokument zu öffnen, um mir Notizen zu machen und mir zu beweisen, dass ich multitaskingfähig bin und doch etwas für diese Vorlesung mache. Gerade nachdem ich die Überschrift ins Fettgedruckte übertragen habe, höre ich wieder diese tiefe Stimme.

„Wir sehen uns dann nächste Woche. Bleiben Sie gesund.“

Ich wechsle wieder zum Kursraum. Die Vorlesung ist vorbei. Der Dozent weg. Meine Kommilitonen auch. Alle sind weg. Außer mir. Ich bin die einzige, die noch in dem Call ist. All diese Aufregung für nichts. Diese körperliche Anstrengung zwischen Müdigkeit, innerer Karussellfahrt und meinem halben Zombie-Gesicht, nur um den Laptop anzumachen, einen halben Krieg mit Microsoft Teams zu führen, mir einzureden, ich wäre produktiv, nur um dann nach fünf Minuten die Verabschiedung unseres Dozenten zu hören. Darauf erstmal eine Flasche Corona.

Von 3er-BMW bis hin zu Baklava

Vorwarnung: Seht diesen Text einfach mit Humor und lacht darüber.

Über jede Nationalität gibt es die unterschiedlichsten Vorurteile. Die Deutschen. Keine Sekunde zu spät und kommen nie aus ihrer Komfortzone raus. Gehen trotz Grippe in die Arbeit, weil ein Tag ohne Arbeit unvorstellbar ist und der schlimmste Albtraum ever. Die Italiener. Temperamento und Pasta. Mamma Mia, Bolognese. Pizza Margherita. Alles nur für Mama. Bayern. Alle laufen in Tracht herum und trinken zum Frühstück erst mal ein gekühltes Bier. Und dann kommen die Türken.

Bei dieser Nationalität gibt es ein paar Vorurteile, die ich euch vorstellen möchte. Aufgrund meines Migrationshintergrunds habe ich in den letzten Jahren viele Vorurteile und Stereotype kennengelernt. Zum Beispiel die Tatsache, dass jeder einen 3er-BMW fährt. Tiefergelegt natürlich, sonst ist es kein Türkenauto. Die Hand aus dem Fenster, ein Bild von Frau oder Mutter um den Innenspiegel und lautstark „KissKiss“ von Tarkan aufgedreht. Und der Fahrstil ist natürlich so, als würde es die Straßenverkehrsordnung nur für die Schwachen geben.

Die überdimensional große Verwandtschaft. Eine Mutter. Ein Vater. Zehn Tanten. Elf Onkel. Alle laut und gesprächig. Und die 15 Cousins Ichkann, Dukann, Erkan, Siekann, Mehmet, Murat, Ahmet, Kivanc, Okan, Mustafa, Cem, Kan, Süleyman und Yilmaz. Ach, verdammt, den kleinen Emre habe ich noch vergessen.

Alleine das Vorurteil, die türkische Küche würde nur aus Baklava und Döner bestehen, ist in meinen Augen kompletter Quatsch mit Soße. Das ist genauso, als würde man behaupten, in Bayern wäre das Hauptnahrungsmittel Bier und alle würden nur Schweinebraten von der Oma essen – Blaukraut und Knödel inklusive. Ihr müsst wissen, dass wir uns auch noch von Köftespieß und Kebap ernähren. Sonst würden wir ja dem Vorurteil nur zur Hälfte gerecht werden.

Ich verstehe auch nicht, warum viele Leute denken, die Türkei würde nur aus Antalya und Istanbul bestehen. Oder dass jede türkische Frau oder Frau mit türkischem Migrationshintergrund Kopftuch trägt. Muss ich jeden Tag in Dirndl oder Lederhose rumlaufen, nur, weil ich in Bayern lebe?

Ich hoffe, ihr konntet über den Text ein bisschen schmunzeln. Sonst komme ich mit meinem 3er-BMW und meinen 14 Cousins um die Ecke und dann wird das am Hauptbahnhof geklärt. Ach verdammt, den kleinen Emre habe ich schon wieder vergessen. Entschuldigung, bei einer großen Verwandtschaft verliert man schnell den Überblick …

Ode an die Blasinstrumente

Dieser Text geht an alle meine Homies da draußen, die die Kunst der Blasinstrumente erlernt haben. Und an die Leute, die denken, solche Instrumente wären zu altmodisch.

Blasinstrumente. Bei diesem Wort denken die meisten an Bayern, Tradition und sämtliche Instrumente von Trompete bis zur Tuba. An Wirtshaus, Biergärten, literweise Bier und Polka. Bestimmt nicht an Charts oder Hipster-Lifestyle.

ABER: Hinter diesen Instrumenten steckt eigentlich viel mehr, als man denkt. Ein Lebensstil, eine Leidenschaft, ein Weg, um jedes Ziel zu erreichen. Bis zur Unendlichkeit und noch viel weiter – oder bis hoch hinauf in die Charts.

Mit ihren schwungvollen Kurven und ihrer atemberaubenden Ausstrahlung bringen sie jeden um den Verstand. Von tiefen und hohen Tönen bis hin zu ihrer Vielfältigkeit und das Talent, sich überall anpassen zu können. Mit Elementen und Musikrichtungen kombiniert zu werden, die man sich nicht einmal in den kühnsten Träumen vorstellen würde. Elemente, die überall eingebaut werden können, ohne sich zu verstellen oder ihre wunderschönen Töne zu verbergen. Dieser Moment, wenn man mit seinen Fingern um das Instrument greift, es steuert und eins wird mit der unwiderstehlichen Kunst der Blasinstrumente – das muss man erlebt haben.

Blasinstrumente – von vielen so gefeiert und dennoch unterschätzt. Von vielen in eine alte, verstaubte Schublade gesteckt, aus der sie vergebens versuchen rauszukommen. Von vielen nicht ernst genommen, trotzt ihres Charmes, ihrer Vielfalt, ihrer Einsetzbarkeit und ihren heißen Kurven. Meine Message an euch: Unterschätzt Blasinstrumente nicht. Bevor ihr euch verseht, sind sie ganz oben in den Charts.

Ein dunkler Begleiter

Ein ganz normaler Tag. Oder nicht? Maria steht jeden Morgen auf, macht sich für die Schule fertig, frühstückt mit ihren Eltern und macht sich auf den Weg in die Schule. Bevor sie das Haus verlässt drückt ihre Mutter ihr einen Abschiedskuss auf die kalte Wange. Maria lässt den Unterricht über sich ergehen, witzelt in der Pause mit ihren Klassenkameraden. Nach der Schule geht sie nach Hause, durch ihre schwarzen Kopfhörer hört sie laute Musik, so laut, dass selbst die Leute im Bus mithören können. Maria, der Bus-DJ sozusagen. Sie macht ihre Hausaufgaben, so, wie es sich für eine Vorzeige-Schülerin gehört, und bereitet sich auf den nächsten Tag vor. Abends isst sie gemeinsam mit ihren Eltern, sie tauschen sich über den Tag und seine Ereignisse aus. Anschließend liest Maria noch ein Buch und geht um 22:00 Uhr ins Bett. Ein normaler Tag. Oder nicht?

Das denken zumindest ihre Eltern.

Doch für Maria ist es kein normaler Tag. Denn Maria ist nie alleine. Selbst wenn sie alleine ist.

Etwas Dunkles umhüllt sie. Dunkel, kalt und groß. Eine Gestalt, die sie nicht loswird und die stets an ihrer Seite ist. Ein treuer, dunkler Begleiter. Ihr dunkler treuer Begleiter. Etwas, dass sämtliche Energie aus ihr saugt, so wie die Dementoren bei Harry Potter. Das Gefühl, sie wäre nur eine menschliche Hülle ohne Seele wird von Tag zu Tag größer. Sie fühlt sich wie leer. Sehr leer.

Kein Glück, keine Freude, kein Spaß am Leben, keine positive Energie, keine Kraft.

So viel Kraft kostet es sie. Jeden Tag aufzustehen, jeden Tag die Schule zu meistern, bei ihren Klassenkameraden gut gelaunt zu sein, ihren Eltern vorzuspielen, es sei alles in Ordnung. Sich mit Freunden zu treffen, stattdessen verkriecht sie sich lieber in ihrem Zimmer und liest ein Buch. Die Rollos sind trotz Tageslicht heruntergezogen, die dunkelroten Gardinen davor. Nur ihre Nachttischlampe ist an.

Kein Glück, keine Freude, kein Spaß am Leben, keine positive Energie, keine Kraft.

Maria funktioniert einfach nur. Dicht umhüllt von einer kalten Dunkelheit. So dunkel und groß, dass nichts Positives durchzudringen vermag.

Denn Maria funktioniert einfach nur. Alles Routine, alles funktioniert wie eine Maschine.

Sobald kein Mensch in ihrer Nähe ist, wird die innere Leere größer. Manchmal sitzt sie einfach nur in ihrem Bett und weint. Ohne Grund. Die Tränen werden immer mehr und kommen wie aus der Pistole aus ihren braunen Augen geschossen.

Sie schleppt sich von Tag zu Tag. Wenn sie lacht, spürt sie nichts, bei guten Noten spürt sie nichts, bei den Witzen ihrer Klassenkameraden spürt sie nichts. Die Liebe zu ihren Eltern spürt sie nicht.

Kein Glück, keine Freude, kein Spaß am Leben, keine positive Energie, keine Kraft.

Maria ist müde, kraftlos. Am liebsten würde sie für immer schlafen.

Von außen ist diese Leere nicht zu sehen. Außer Maria spürt keiner die wachsende Leere. Diese Müdigkeit. Diese Depression.

Zweifel

Zweifel. Ein Wort. Ein Wort mit sieben Buchstaben. Ein kleines Wort. Wenn man aber bedenkt, was diese Buchstaben alles auslösen können, bemerkt man erst seine Macht.

Zweifel. Ein Wort und eine Macht, welches viele tagtäglich begleitet. In jede Richtung. Auf jedem Weg. Mal Hirngespinst. Mal ein treuer Begleiter. Dieses Gefühl, etwas nicht zu schaffen und den Glauben an sich selbst zu verlieren. Gedanken, die in deinem Kopf schwirren und einfach den Ausgang nicht finden. Sie setzen sich in deinem Hirn fest und wollen nicht loslassen, wie eine Zecke, die einfach zugebissen hat. Und diese Gedanken, diese verdammten Gedanken, man weiß einfach nicht, wohin damit.

„Du schaffst das sowieso nicht“, sagt der Zweifel.
„Andere sind viel besser als du“, sagt der Zweifel.
„Du kannst gar nichts“, sagt der Zweifel.
„Verdammt, lass es doch einfach sein!“, brüllt der Zweifel.
„Das wird komplett nach hinten losgehen“, denkt der Zweifel.

Und diese Gedanken, diese verdammten Gedanken. Wohin mit diesen Gedanken?

Innerhalb von Sekunden blenden sie einen wie Fernlicht oder Nebel. Man weiß nicht, wohin mit sich selbst und den Gedanken. Die Hoffnung auf Licht wird ausgeblendet.

„Du schaffst das sowieso nicht", sagt der Zweifel.
„Andere sind viel besser als du", sagt der Zweifel.
„Du kannst gar nichts", sagt der Zweifel.
„Verdammt, lass es doch einfach sein!", brüllt dich der Zweifel.
„Das wird komplett nach hinten losgehen", denkt der Zweifel.

Und diese Gedanken, diese verdammten Gedanken. Man will sie loswerden. Erinnerst du dich, was ich am Anfang gesagt habe? Der Vergleich mit der Zecke. Wie kann man Zecken am besten entfernen? Mit einer Zange. Man umklammert dieses lästige Etwas ganz fest und dreht sie einfach raus.

Und glaube mir, irgendwann kommt dieser Moment, wo du die Zange findest und die Zweifel beseitigst. Halte die Zange fest und ziehe mit aller Kraft an diesem lästigen Etwas. Und beginne zu laufen. Beginne, das zu tun, wovon dich diese Zweifel viel zu lang abgehalten haben. Tu es. Mach es.

Denn irgendwann wirst du zurückblicken und gar nicht mehr wissen, weshalb du Zweifel hattest. Und diese Gedanken, diese verdammten Gedanken, du bist sie losgeworden. Denn du wusstest auf einmal, was zu tun ist …

Von außen betrachtet gibt es immer noch Vollidioten

Ist es nicht faszinierend, dass wir Menschen so unterschiedlich sind? Von außen betrachtet. Menschen mit unterschiedlichen Meinungen, Zielen. Ansichten, Denkweisen. Menschen mit unterschiedlichen Augenfarben, Hautfarben, Haarfarben, kurzen Haaren, langen Haaren, tätowiert, gepierct, dünn, schlank, kurvig, verschiedenen Staturen.

Es ist doch echt faszinierend, dass die Natur und der Planet Erden aus bunten Elementen und unterschiedlichen Menschen besteht. Welcher Planet kann schon sowas von sich behaupten?

Eigentlich ist diese Tatsache etwas Schönes. Aber leider eine Tatsache, die viele Menschen immer noch nicht sehen und zu schätzen wissen. Schade eigentlich.

Dass Menschen meinen müssen, das Selbstbild oder Selbstvertrauen von ihren Mitmenschen kaputtzumachen, nur weil sie ein paar Kilos mehr auf den Hüften haben. Nur weil sie nicht die Maße von Model-Määäääääädchen haben oder ihre Rippen unter dem T-Shirt nicht herausstechen. Nur weil sie nicht abgemagert aussehen oder Size Zero nicht für sie gemacht wurde, sondern für hungernde Gestalten.

Menschen mit der Einstellung „von außen betrachtet“ denken nicht nach in meinen Augen. Denn „von außen betrachtet“ machen solche Leute nicht den Eindruck, als würden sie das Leben oder den Luxus verstehen, den wir Menschen haben dürfen.

Ich glaube, es ist mehr als verständlich, dass frisch gebackene Mamas etwas Besseres zu tun haben, als die „Mama-Pfunde“ so schnell wie möglich loszuwerden. Ich weiß nicht, ob das klar ist, aber sie haben sich um ein neues Leben zu kümmern, welches unseren Planeten betreten hat. Stillen, wickeln, dem Kind bedingungslose Liebe und Orientierung schenken.

Es ist auch so, dass nicht jeder Mensch gesund auf die Welt gekommen ist und vielleicht aus gesundheitlichen Gründen mit überschüssigen Pfunden zu kämpfen hat. Vielleicht sollten sich Menschen mit der Einstellung „von außen betrachtet“ weiterbilden und Bücher lesen. Oder damit unser Zeitalter aus Digitalisierung und Social Media thematisiert wird: Ihr könnt euch mit sämtlichen Internetforen vertraut machen oder euch YouTube-Videos reinziehen.

Menschen, die meinen, Menschen aufgrund ihrer Wurzeln im Netz fertigmachen zu müssen. „Neger“, „Schlitzi“ oder „du stammst doch von Terroristen ab“, „du bist echt hübsch, aber deine Hautfarbe macht dich hässlich“ (hat mir letztens ein betrunkener Obdachloser ins Gesicht gesagt).

Ich glaube ich muss auch gar nicht thematisieren, dass solche Worte verletzend sind. Dass Aussagen wie „Alter, bist du fett“ oder „Nimm mal ab“ oder „Mit diesem Gewicht bleibst du Dauersingle“ einem mehr wehtun als eine Schürfwunde oder ein Autounfall. Man kann solche Schmerzen oder die daraus entstehenden Narben nicht sehen, aber sie gehen tiefer, als man meint.

Ist es nicht interessant, dass manche Menschen so viel Zeit haben, sich mit Menschen, die sie wahrscheinlich nicht einmal kennen, auseinanderzusetzen und ihnen Schmerz zuzufügen? Es ist wirklich so, dass Worte verletzender sein können, als man eigentlich denkt – und die Auswirkungen können fatal sein.

In diesem Sinne: Das unterste Niveau in der Kategorie „von außen betrachtet“ geht an die Leute, die meinen, solche Ansichten zu unterstützen und das Selbstbild mancher Menschen zu zerstören. In tausend Scherben zu schlagen. Ohne Aussicht, dass man das Bild reparieren kann.

Unsere Welt profitiert doch von solchen Unterschieden und von einer Vielfalt, in der wir leben dürfen und die wir repräsentieren und vertreten. Warum also so etwas Besonderes zerstören?

Ungeplantes Umgehen

Im Leben passiert so viel. Momente, die als Erinnerungen in unserem Hirn eingebrannt sind. Momente, die zum Schlüssel unseres Lebens werden. Man könnte sagen, das Leben ist wie ein Film, der aus Erinnerungen besteht, an die man sich gerne zurückerinnert – oder die am liebsten vergessen und in eine tief vergrabene Kiste verpacken will.

Vieles passiert ungeplant oder dann, wenn man am wenigsten damit rechnet. Sie lauern hinter der Ecke, warten auf einen und rennen in dich rein. Und dann, von einer Sekunde auf die nächste, muss man sich mit Tatsachen auseinandersetzen, die ungeplant entstehen. Sich mit Gefühlen auseinandersetzen, die man nicht versteht. Gefühle, die man nicht spüren will und von denen man nicht weiß, wie man mit ihnen umgehen soll. Es wird von einem verlangt zu wissen, was man machen muss und wie man mit Emotionen umgeht. Emotionen, die in einem ausgelöst werden, wodurch einem Schmerz oder Freude im gesamten Körper durchfährt, bis zum letzten Nerv.

Wir wollen aber alles verstehen, machen uns Druck, sind überfordert, wenn wir nicht wissen, was wir machen müssen. Oder wie wir Gefühle ordnen und mit ihnen umgehen können. Manchmal habe ich das Gefühl, dass wir Menschen uns selbst im Weg stehen und das Problem eigentlich wir selbst sind – und nicht das Leben.

Ist es eigentlich nicht genau das? Lernen, mit dem Unerwarteten umzugehen? Uns keinen Druck zu machen, Gefühle zuzulassen und uns nicht zu verschließen, sobald man nicht weiterkommt und sich am liebsten verstecken möchte?

Manche Sachen muss man nicht auf Zwang verstehen. Manche Sachen muss man überhaupt nicht verstehen. Aber man sollte aufhören, wie ein Roboter funktionieren zu wollen und alles zu unterdrücken, runterzuschlucken oder nicht zuzulassen. Das Leben ist ein ungeplantes Umgehen.

Meine Generation in 320 Wörtern

Unsere Generation. Meine Generation. Ich glaube, es gibt viele Wörter und Ausdrucksweisen, um meine Generation zu beschreiben. Beziehungsweise die Menschen in meiner Altersgruppe. Egal, ob man rot, weiß, männlich, weiblich, deutsch oder türkisch ist. Ich würde mal behaupten, unsere Generation unterscheidet sich gewaltig von den Generationen vor uns – ich glaube, mit dieser Aussage bin ich nicht alleine.

Die Unterschiede beziehen sich nicht auf soziale Medien wie Instagram, Facebook oder Twitter. Die Unterschiede beziehen sich auch nicht auf technische Entwicklungen, Entdeckungen, technische Fortschritte oder auf das Zeitalter der Digitalisierung, in der wir leben.

Unsere Generation. Meine Generation. Ich würde sagen, unsere Generation ist aufgeweckter, offener und mutiger als die anderen zuvor. Eine Generation mit Meinung und dem Bedürfnis, gehört zu werden. Etwas zu verändern, etwas zu bewegen – auch wenn es nur das Bett ist, was man von der Wand an das Fenster schieben will.

Eine Generation, die etwas erzählen möchte. Eine Generation, die sich bewegt. Eine Generation, die mutige Schritte wagen möchte, alles hinterfragt, träumt, nachdenkt, aber auch zweifelt.

Eine Generation, die mutig sein und sich von anderen abheben möchte. Etwas Besonderes sein will und nicht nur gehört, sondern auch gesehen und wirklich wahrgenommen werden möchte. Eine Generation, die für Diversity steht. Eine bunte und farbenfrohe Generation, bestehend aus den unterschiedlichsten Farbeimern.

Eine Generation, die das Leben genießen will bis zur Unendlichkeit und darüber hinaus. Menschen, die neues ausprobieren und entdecken wollen. Tanzen, bis die Sonne aufgeht oder bis die Füße wehtun.

Eine Generation mit der Lust, die Welt zu sehen, Menschen aus den unterschiedlichsten Ländern kennenzulernen, ihren kulturellen Horizont zu erweitern, sich mit Schwächen und Stärken auseinanderzusetzen. Eine Generation bestehend aus Menschen, die lernen müssen, mit Hürden umzugehen, aufzustehen, wenn man fällt, und einfach weiterzumachen. Eine Generation mit viel Energie und die Meilensteine statt kleine Schritte setzen will.

Eine Generation, die den Himmel bemalen will, wenn sie es könnte.

Mike und Anna

Kennt ihr schon Mike? Er ist 15 Jahre alt und lebt mit seiner Familie auf dem bayerischen Land. Schon seitdem er ein kleiner Junge ist, liebt er Mode und Fashion. Fashionblogs, Mode-Magazine, Fashion-Blogger. Er kennt fast jeden Trend und alles, was gerade so angesagt ist. Dementsprechend auch sein Klamotten-Stil: bunt, auffällig und er geht mit der Zeit.

Wie seine Freizeit gestaltet wird? Foto-Shootings mit seinen zwei besten Freundinnen, rumalbern, Bilder auf Instagram hochladen und die neuesten Mode-Trends ausprobieren.

Die Kommentare unter seinen Posts?

„Du Model“

„Steht dir mega, Darling!“

Die Reaktionen auf der Straße?

Anspucken

Beleidigungen, eine nach der anderen

Blöd angemacht werden

Ausgelacht werden

„Na, jagst du wieder einer neuen Jacke hinterher?“

„Du kleine dreckige Schwuchtel!“

„Du bist nicht normal, geh dich vergraben!“

„Sei mal ein richtiger Mann.“

Manchmal grüßen sie ihn scheinheilig. Grinsen ihn hinterfotzig an und tuscheln dann hinter seinem Rücken. Anscheinend ist es für manche Leute ein schwieriger Schritt, jemanden auf brutale und direkte Art und Weisen von der Gesellschaft auszuschließen.

Die Reaktionen, die innerhalb von wenigen Sekunden vermittelt werden, kleben am Mikes Rücken seit Monaten fest. Als hätte man die Reaktionen mit Alleskleber auf seinen Rücken geklebt – so sehr, dass man sie nicht mehr lösen kann.

Warum versteht mich keiner?
Bin ich wirklich nicht normal?
Ist an mir etwas falsch?
Ist meine Existenz unnötig?

Gedankenverloren setzt er einen Fuß vor den anderen auf die nasse Straße. Es hat geregnet. Heute hat er eine weiße Plüschjacke mit Flecken in den unterschiedlichsten Farben an. Aber die Farben leuchten nicht so sehr wie sonst. Als hätte jemand die Energie und das Licht aus den Flecken gezogen. Oder aus Mike.

Schwarze enge Hose. Haare perfekt gestylt.

Er fühlt sich erschöpft. Erledigt. Am Ende seiner Kräfte. All diese Kommentare, all diese Reaktionen – manchmal wissen Menschen nicht, wie sehr Worte einen zerstören können.

Mike. Er sieht eine Bank. Alt. Abgeblättert. Er steuert auf die Bank zu und setzt sich. Mike. Er hatte keine Kraft mehr, um weiterzulaufen.

Kennt ihr schon Anna? Sie ist 16 Jahre alt und lebt mit ihrer Familie auf dem bayerischen Land. Schon seitdem sie ein kleines Mädchen war, liebt sie Fußball. Kleider, Röcke, hohe Schuhe? Fehlanzeige, solche Klamotten sind in ihrem Kleiderschrank nicht zu finden. Hosen, weite T-Shirts, Pullover und Schuhe, die vom Schlamm beschmutzt wurden. Haare so kurz wie Sido. Jeden Tag nach der Schule geht sie zum Bolzplatz. Mit dem Fußball, den sie von ihrer Mutter bekommen hat. Jeden Tag, zwei Stunden, kickt sie alleine auf dem großen weiten Fußballplatz.

Die Reaktionen anderer Mädchen?

„Scheiß Kampflesbe!“
„Du bist so unweiblich“
„Wieder eine Pussy geleckt?“
„An dir ist ein Junge verloren gegangen!“

Manchmal wird sie scheinheilig von den Dorfbewohnern begrüßt. Sie grinsen sie hinterfotzig an und tuscheln dann hinter ihrem Rücken. Anscheinend ist es für manche Leute ein schwieriger Schritt, jemanden auf brutale und direkte Art und Weisen von der Gesellschaft auszuschließen.

Die Reaktionen, die innerhalb von wenigen Sekunden vermittelt werden, kleben am Annas Rücken seit Monaten fest. Als hätte man die Reaktionen mit Alleskleber auf ihren Rücken geklebt – so sehr, dass man sie nicht mehr lösen kann.

Warum versteht mich keiner?
Bin ich wirklich nicht normal?
Ist an mir etwas falsch?
Ist meine Existenz unnötig?

Mit ihrem dreckigen Fußball in der Hand springt sie gefrustet von einer Pfütze in die andere. Mit jeder Pfütze spritzt das Regenwasser. Ihre Schuhe sind nass und dreckiger als gestern.

Kann den anderen doch egal sein.

Für die bin ich abgeschrieben. Stempel drauf und fertig.

Sie sieht eine Bank. Alt und abgeblättert. Sie setzt sich auf die Bank, um kurz runterzukommen.

Mike und Anna. Sehen sich beide an. Ein Junge in enger schwarzer Hose, sein Oberkörper in einer weißen Plüschjacke mit bunten Flecken in den unterschiedlichsten Farben bedeckt. Ein Mädchen mit dreckigen Schuhen, kurzen Haare und einem weiten grünen Pullover. Olivgrün, das hat Mike sofort erkannt.

Dieser Blick von beiden. Wie sie sich ansahen. Tief, intensiv, vielleicht auch ein wenig ängstlich.

Dieses Gefühl, was in beiden aufkommt. Zwei Menschen, Fremde, aber trotzdem umhüllt sie das Gefühl von Vertrautheit und Geborgenheit. Eine Verbundenheit. Ein Verständnis, was man nicht ersetzen kann.

Zwei Menschen. Zwei Welten. Einmal für immer ausgeschlossen.

Mike nimmt all seinen Mut zusammen.
Räuspert sich und flüstert: „Hi".

Er hält die Luft an. Sein Herz klopft.
Was jetzt wohl kommt?

Ein dummer Kommentar?
Eine Beleidigung?
Ignoranz?

Sofort kommt wieder die Angst in ihm auf, sie brodelt und wird immer größer – bis sie von einem „Hi“ von Anna gelöscht wird.

Kennt ihr schon Mike und Anna?

Er ist jetzt erfolgreicher Mode-Designer in New York und ist Trauzeuge.

Sie spielt für die deutsche Nationalmannschaft und heiratet nächstes Jahr.

Wenn ich wieder klein wäre …

… dann würde ich mit Peter Pan nach Nimmerland fliegen und gemeinsam an seiner Seite Käpt‘n Hook besiegen.

Das Krokodil, welches eine Uhr verschluckt hat, füttern und mit diesem tollen Wesen schwimmen gehen.

Mit Peter Pan und den Waisenkindern die schönsten Ecken Nimmerlands erkunden, bis es dunkel wird, und mit den Freundinnen von Tinker Bell spielen.

Ich würde Kevin in seinem großen Haus Gesellschaft leisten, mit ihm die lustigsten Sachen machen.

Gemeinsam würde ich mit ihm auf einem riesigen Schlitten die Treppen vom zweiten Stock herunterrutschen und jeden Abend Käsepizza und Schokolade bis zum Umfallen essen.

Mit Mary Poppins die atemberaubendsten Welten besuchen und mit ihr ein Lied nach dem anderen singen.

Gemeinsam mit dem Kaminkehrer auf den höchsten Dächern dieser Stadt stehen und die wunderschöne Aussicht genießen.

Ich würde mit Mogli den Dschungel erkunden und mit Balu gemütlich unter einer Palme sitzen.

Die Hitze und den kühlen Schatten genießen.

Mit König Louie die saftigsten Bananen des Dschungels essen.

Mit den Wölfen spielen, mit denen Mogli aufgewachsen ist.

Auf Elefanten reiten und Shir Khan Streiche spielen.

Wenn ich wieder klein wäre, würde ich mit Timon und Pumba ein fröhliches Lied nach dem anderen singen.

Ich wäre Simbas bester Freund und würde ihm helfen, seinen rechtmäßigen Platz als Thron-Nachfolger einzunehmen.

Gemeinsam mit Micky und seinen Freunden die tollsten Abenteuer der Welt erleben.

Donald, Daisy, Pluto, Minnie und Goofy.

Wir wären die tollste Gruppe, die es je gegeben hat.

Mit Daisy und Minnie jeden Tag die schönsten Schleifen tragen, Donald zu besserer Laune verhelfen, mit Pluto spielen, mit Goofy Kekse backen und mir von Micky die spannendsten Geschichten erzählen lassen.

Wenn ich wieder klein wäre, würde ich mit Lilo und Stich surfen lernen.

Die anderen Experimente aufsuchen und am Strand spazieren gehen.

Den Sonnenaufgang und Sonnenuntergang genießen.

Und gemeinsam das Böse besiegen, denn Disneyfilme sollten ihr Happy End beibehalten.

Ich würde mit der Gummibären-Bande ihren geheimen Zaubertrank brauen und mit ihnen durch den Zauberwald hüpfen.

Den bösen Wesen einen lustigen Streich nach dem anderen spielen und mit der Tochter des Königs das schönste Kleid im Königreich tragen.

Mit Peter, Susan, Edmund und Lucy Pevensie das Tor zu Narnia betreten.

An ihrer Seite den großen Kampf antreten, um ihren Platz als Könige zu erkämpfen.

Auf Aslan reiten und mir seine Weisheiten anhören.

Mich zu einer Kriegerin ausbilden lassen und die beste Kämpferin dieser Welt werden.

Ich würde mit elf Jahren Hogwarts besuchen und dem goldenen Trio beitreten. Zaubersprüche lernen und bei Severus Snape die coolsten Zaubertränke brauen.

Lernen, einen Besen zu fliegen, Quidditch spielen, Trolle besiegen, Hypogreifen reiten und gemeinsam an Harrys Seite den finalen Kampf gegen Voldemort und die Todesser bestreiten.

Ich würde Snape und Dobby retten, dafür sorgen, dass Fred nicht stirbt und Ted nicht ohne seine Eltern Lupin und Tonks aufwachsen muss.

Ich würde Umbridge nach Askaban verfrachten und Bellatrix den Avada-Kedavra-Fluch aufhetzen, bevor sie Sirius Black tötet.

Gemeinsam mit Ron die verzauberten Bohnen essen und Draco Malfoy in ein Frettchen verwandeln, so, wie es Moody getan hat.

Mit Hagrid in die Winkelgasse gehen, mir einen Zauberstab und eine Eule aussuchen.

Von komischen Kobolden mich in mein Geldverlies führen lassen.

Ich würde wieder im Sandkasten spielen, fangen und verstecken mit meinen Freunden, bis es dunkel wird. Heimlich Süßigkeiten aus der Vorratskammer stibitzen, wenn meine Mutter nicht hinschaut. Mir wünschen, groß zu sein, damit ich auch zur späten Stunde fernsehen darf.

Ach, wenn ich doch nur wieder klein wäre ...

Havas Seifenblase

Ich habe in den letzten Jahren von vielen Menschen in meinem Alter gehört, dass sie das Gefühl haben; in einer Blase gefangen zu sein. Diese Zeilen sind für die Menschen, die sich genauso fühlen: ihr seid nicht alleine und euer Notausgang wird kommen!

Havas Seifenblase. Von außen glänzt sie in der Sonne in den schönsten Regenbogenfarben. Fast schon wie ein Kunstwerk. Von außen so stark und robust wie ein kräftiger Baum. Fast schon unzerstörbar. Eine Ausstrahlung voller Sonnenschein und positiver Energie. So strahlend perfekt, dass jeder von ihr umgeben sein will – diese Aura und die Stimmung um sich haben will. So süchtig nach dieser Blase, dass jeder von der äußeren Erscheinung geblendet ist und keiner einen Blick auf das Innenleben von Havas Blase wirft.

Kaum zu glauben, wie zerbrechlich das Innere doch ist. Umgeben von Angst und Verzweiflung. Umgeben von der Angst, dass die Fassade jeden Tag zu Bruch gehen und in tausend Scherben auf dem kalten Boden liegen könnte.

Umgeben von dem Gefühl, dem Druck gerecht zu werden, den Verpflichtungen gerecht zu werden, perfekt zu sein, die Starke zu sein – vor jedem Menschen, der Havas Blase über den Weg läuft. Wer will denn schon als die Zerbrechliche und Unsichere rüberkommen, das Image muss schließlich bewahrt werden wie ein wertvoller Schatz, bestehend aus Gold und den schönsten Diamanten.

Eine Seifenblase, gefüllt mit einer Leere, die nicht gefüllt werden kann. Egal; was man wagt und versucht. Diese Leere bleibt bestehen und es gibt keinen Notausgang. Komisch, dass eine Leere vorhanden ist, wenn die Blase doch mit Angst und Verzweiflung gefüllt ist. Das Bedürfnis, aus der Blase auszubrechen, wird von Tag zu Tag größer. Mit ihr die Angst, dass man die robuste Fassade nicht zerbrechen könnte, sollte man es wagen, nach einem Notausgang zu suchen und diesen zu betreten.

Also macht Havas Seifenblase einfach weiter.

Weiter Leute beeindrucken.

Weiter die starke Fassade aufrechterhalten.

Weiter mit dieser Leere leben.

Weiter lernen, weiter arbeiten.

Weiter funktionieren.

Weiter lachen und die Probleme anderer Menschen aufsaugen wie ein Vampir das Blut eines Menschen. Denn ohne kann die Seifenblase nicht.

Weiter mit dem Funken Hoffnung, eines Tages aus der Blase auszubrechen zu können, ohne die Außenfassade kaputtzumachen.

Denn vielleicht gibt es ihn ja doch, diesen Notausgang.

13 mit Aussicht auf Instagram ODER um es anders auszudrücken: 13 mit Aussicht auf Möchtegern-Models und Instagram-Sucht

Wenn mein Opa damals gesagt hat „Früher war alles besser" oder „früher war alles anders", habe ich nie so wirklich verstanden; was er gemeint hat. Ein erfahrener erwachsener Mann, der einfach gewisse Entwicklungen nicht versteht, die heute anders sind als damals. Doch jetzt; mit 21 Jahren, endlich raus aus der Pubertät, entjungfert und einige Hautprobleme später, kann ich ein bisschen verstehen, was er meint – und ich komme mir vor wie eine Seniorin im Körper einer 21-Jährigen.

Damals, mit 13 Jahren, habe ich noch draußen mit meinen Freunden gespielt, bis es dunkel wurde oder Mutti das Abendbrot fertig hatte. Wir haben uns gegenseitig Briefe geschrieben und noch wirklich gemeinsam etwas unternommen. Instagram, Snapchat, TikTok – was zum Henker, das gab es damals noch gar nicht. Wir haben damals nicht unsere Zeit damit verbracht, depressive Sprüche von Pinterest als unsere Bildunterschrift für Postings zu benutzen oder unsere Sport-BHs in unserer Instagram-Story zu präsentieren. Uns gefühlt jeden Tag halbnackt in den sozialen Medien zu zeigen und einen auf erwachsen zu machen.

Urkomische Tanzvideos zu drehen mit Songs im Hintergrund, von denen man vier Tage später immer noch einen Ohrwurm hat, den man einfach nicht loswird, so wie Amerika Trump (Regie: Glückwunsch zum Sieg, Biden!)

Damals, mit 13, haben wir noch miteinander geredet, wenn wir uns getroffen haben. Über unseren Crush geschwärmt, uns über Lehrer aufgeregt oder über Christina und Greta gelästert, weil sie uns blöde Kuh genannt haben. Und jetzt? Sitzen sie alle in einem Raum, an ihren überteuerten Smartphones und checken die neuesten Insta-Posts und TikToks ab und wie Shirin David ihren Arsch in die Kamera hält. Würdigen sich keines Blickes, starren auf Handys und nennen das „gemeinsam abhängen". Zitieren Texte von Kontra K und Shindy, ohne zu wissen, was eigentlich dahintersteckt, und kaufen den nächsten Drogeriemarkt leer, weil Bibis Beauty Palace einen neuen Duschschaum mit Kebapteller-Duft rausgebracht hat.

Haben Vorbilder, die meinen, dass nackte Haut und Arsch in die Kamera halten eine Form der Emanzipation ist, die ihre Bilder so sehr bearbeiten, dass sie aussehen wie die Mutter von Silvester Stallone. Wegen solchen weiblichen Gestalten findet man eine großartige Ansammlung an 13-Jährigen, die diese Art von darstellender Kunst –

oder Prostitution – nachahmen denken Wunder, was sie wären.

Dann gibt es natürlich noch diese Babas, die öffentlich einen Möchtegern-Gangster-Streit anfangen und gegenseitig ihre Mutter beleidigen – Jungs, in einem echten Ghetto würdet ihr es keine zwei Tage aushalten.

Damals, mit 13 Jahren, kannte ich so Sprüche wie „Wenn du mich siehst, sag Masallah, einfach nur die Hübsche“ oder „Bratan, du bist Ehrenmann“ gar nicht. Ich hätte damals sowas als Beleidigung angesehen und mich nicht einmal getraut, solche Wörter auszusprechen. Apropos nicht trauen: Ich hätte es nicht einmal gewagt, ältere Mitschüler aus der Oberstufe blöd anzumachen und mich mit meinen 1,50 Metern vor ihnen aufzubauen, damit ich einen Zentimeter größer wirke. Ich habe mir immer in die Hose geschissen, wenn einer aus der Oberstufe an mir vorbeigelaufen ist, gerade, dass ich halbwegs einen Ton rausgebracht oder ihnen mit meiner Jacke die Schuhe glänzend geputzt hätte. Wahnsinn, wie sich manches ändert.

Wie mein Opa damals gesagt hat: „Früher war alles anders“

Der Körper muss an die Hose angepasst werden – oder das Leben an Trends

Individuell. Unique. Authentizität. Sich selbst treu bleiben. Sich nicht verbiegen. Nicht mit dem Strom mitschwimmen.

Eine Einstellung, nein, ein Ideal, was jedem Menschen heutzutage auf den Weg mitgegeben wird. Eine Einstellung, die jeder Mensch haben sollte. Immer so sein, wie man ist, sich nicht verstellen, so akzeptiert werden, wie man ist.

Und trotzdem muss der Körper an die Hose angepasst werden – oder das Leben an Trends.

Die neuesten Haarpflegeprodukte müssen in den Einkaufskorb, weil das der neueste Schrei ist. Weg mit den Produkten, die man sonst verwendet.

Die neue schwarze Lederhose muss auf die Beine, weil die erfolgreichsten Mode-Influencer darauf schwören. Am besten in Größe 36. Weg mit der bequemen Alltagshose, die man so sehr liebt.

Low Carb und jeden Tag zwei Stunden im Fitnessstudio sind ein Muss im Alltag. Healthy-Lifestyle, am besten noch Cardio und die neueste Sport-Leggings mit Taschen an den Seiten in einer

Farbe, die einen schlank aussehen lässt. Weg mit der weiten Jogginghose, die man immer zum Sportmachen anzieht – einmal alle zwei Monate.

Doch nicht nur Kleidungsstil und Lifestyle müssen angepasst werden. Politik. Politische Wahlen. Wahlkämpfe. Am besten sollte man mit der Mehrheit mitschwimmen, um Ärger und Konflikten zu entgehen. Was andere sagen und von einem halten, hat ja oberste Priorität. Und hat man bloß eine andere Meinung, so kann man sich vor Diskussionen und komischen Blicken gar nicht mehr retten. Dam, dam, daaaaam, man befindet sich auf der dunklen Seite der Macht. Weg mit der eigenen Meinung.

Bitcoins. Der neueste Schrei. DIE Goldgrube schlechthin. Muss man unbedingt haben, finanzielle Absicherung und gutes Investment sind alles im Leben. Weil andere das machen, muss man sofort mit dem Strom mitschwimmen. Weg mit den Schwimmflügeln und mit einer fetten Arschbombe in den Pool voller Zahlen, Klugscheißern und Bitcoins.

Individuell. Unique. Authentizität. Sich selbst treu bleiben. Sich nicht verbiegen. Nicht mit dem Strom mitschwimmen.

Ist es nicht ein bisschen verwunderlich – aber nur ein bisschen –, dass man individuell sein soll und gleichzeitig diesen Druck bekommt, sein Leben an Trends anzupassen?
Nicht nur das Leben, auch den Kleiderschrank und seinen eigenen Lifestyle? Also individuell sein und trotzdem immer mit dem Strom schwimmen?

Ergibt zwar in meinen Augen keinen Sinn, aber ich probiere es heute auf jeden Fall aus. So schmiere ich mir jetzt jeden Tag zwei Eier oder Bier in die Haare, weil das anscheinend jeder macht und das Haar stärken soll. So rieche ich wahrscheinlich nach meinem Bio-Müll, aber wenn das jeder macht – dann mache ich das auch.

Gesunde Ernährung und sich sportlich fühlen, auch kein Problem: Ich werde jetzt jeden Tag den veganen Burger von McDonald's und als Nachtisch eine Schüssel Luft essen. Healthy Lifestyle ist der passende Lifestyle. Außerdem: Wer braucht schon eine enge Leggings, wenn man sich die Leggings von seiner 14-jährigen Schwester klauen kann? Dazu klebe ich mir kleine Stoffbeutel an die Seite, damit bloß die kleinen Seitentaschen nicht vergessen werden.

Zum Thema richtige Investition: Man sollte einfach in etwas investieren, was einen absichert und das Gefühl von Sicherheit schenkt. So investiere ich jetzt in Schokolade: man kann kleine Kinder damit bestechen – ich bin auf der dunklen Seite der Macht - und kann zu 100% sicher sein, dass das Bedürfnis nach Süßigkeiten gestillt wird. Ich muss mit Einstein verwandt sein.

Persönliche oder politische Einstellungen zum guten Schluss: Falls man eine andere Meinung als die Mitmenschen haben sollte, habe ich mir folgendes vorgenommen. Ich werde zu dem stehen, was ich denke, und mich mit meinen neuen Leggings, meiner Schokolade und Bier-Eier-Haar-Kur nicht einschüchtern lassen.

Erwachsenwerden

Erwachsenwerden – was nach einem einfachen Schritt klingt, beschreibt einen bunten Weg ins Leben. Bei manchen Menschen hört dieser Prozess irgendwann auf und sie haben ihr Ziel erreicht, bei manchen Menschen dauert dieser Weg bis zum Lebensende, habe ich so das Gefühl.

Raus aus dem Kindsein und hinein ins Erwachsenwerden. Aber was bedeutet Erwachsenwerden?

Erwachsenwerden bedeutet nicht nur, endlich 18 zu sein und alleine Autofahren zu können. Es bedeutet, Entscheidungen zu treffen und Verantwortung zu übernehmen. Entscheidungen, die das restliche Leben beeinflussen, Entscheidungen für das Leben.

Zu entscheiden, welchen beruflichen Weg man einschlägt oder welche Menschen man um sich haben möchte. Zu wissen, was einem guttut und was nicht, wer einem guttut und wer nicht, wer einen von seinem Weg abhält oder einen nach vorne bringt.

Erwachsenwerden bedeutet, weiterhin Fehler zu machen, aus denen man lernt, und dass man die Erfahrungen für immer in sich trägt.

Zu reisen, Leute kennenzulernen, das Leben von den guten und schlechten Seiten zu erfahren, die coolsten Partys zu feiern. Abliefern, arbeiten, Leistung bringen, von sich überzeugen.

Spuren hinterlassen, sich orientieren, neue Sachen ausprobieren, Niederlagen hinnehmen, aufstehen, weitermachen. Sich selbst neu finden, zu wissen, wer man selber ist, sich nicht verbiegen, sich ausleben, austoben, Erfolge feiern, sich beweisen.

Eine Balance finden, glücklich zu werden, sich selbst treu bleiben, etwas zu wagen, egal, wie groß das Risiko auch sein mag.

Erwachsenwerden – was nach einem einfachen Schritt klingt, beschreibt einen bunten und langen Prozess ins Leben.

DRUCK

Wenn ich von Druck spreche, rede ich nicht von dem Druck auf der Blase, weil man gefühlt seit Stunden keine Toilette findet oder Familienmitglieder oder Mitbewohner den halben Tag das Badezimmer blockieren.

Gerade in unserem Alter – oder allgemein in der Altersgruppe 14 bis 24 – wird man tagtäglich mit Druck konfrontiert und man setzt sich damit auseinander. Der Druck, gute Leistungen erzielen zu müssen, gerade in der Schule, Hochschule, Universität whatever, denn ohne Abitur oder einen guten Schnitt ist man ja nichts wert – laut der Gesellschaft. Die Leistungen müssen sichtbar sein, schriftlich, gut, besser – nein, jetzt kommt nicht Paulaner – bis es nicht mehr geht, aber halt, es geht immer besser, es muss immer besser sein. Man muss auch in dem besser werden, was man nicht mag. Gut, man hat keine andere Wahl, aber man sollte die Kinder im Grundschulalter nicht gleich zum Testen schicken. Nur weil sie Mathe oder Deutsch nicht mögen und aufgrund von mangelndem Interesse schlechter abschneiden als die Mitschüler. Man sollte sie Fehler machen und Kind sein lassen, dann reicht es für Mathe halt nur für eine vier.

Der Druck, sich abzugrenzen und individuell sein zu müssen, denn Standard ist ja langweilig, Standard gibt's immer, jeder will etwas neues, frisches, Einzigartiges.

Der Druck, zu zeigen, dass man jemand ist, dass man zeigt „Hey ich kann was“, „Das macht mich besonders“, „Das kann ich besonders gut“, nur um den anderen zu beweisen, dass man es draufhat, dass man doch nicht so langweilig ist, wie es rüberkommt, und sich doch von der Masse abheben kann. Dass man unbedingt im Ausland gewesen sein und Praktika absolviert haben muss, denn sonst zeigt man ja nicht, dass man es draufhat. Wir wissen doch genau, was zu tun ist.

Je mehr, desto besser.
Je besser die Leistung, umso besser.
Je mehr man abliefert, umso mehr wird man gesehen.

Natürlich, Leistungen sind ein Muss, aber dieser Druck ist es nicht. Wir wissen, dass wir Schwächen haben, dass wir nicht in allem perfekt sein können, wir wissen, dass wir abliefern müssen, aber dem Druck sollten wir nicht ausgeliefert sein. Wir wissen, dass die Leistungen stimmen müssen, dass wir zeigen sollen, wer wir wirklich sind, dass wir uns von der Masse abheben müssen.

Wollt ihr wirklich, dass wir durch unser Leben rennen, ohne es zu genießen?

Bei sich selbst anfangen ist der Schlüssel zum Erfolg, nicht der Druck, nicht der Stress und auch nicht alles andere. Sich darüber bewusst werden, was wirklich im Leben zählt und worauf es wirklich ankommt im Leben.

Aber die Gesellschaft sollte vor lauter Druck keinen Druck ausüben und einfach beginnen zu atmen – denn wir wissen genau, was zu tun ist …

Zerbrochen, aber die Sonne geht auf

Erika, 34 Jahre alt, wohnt alleine, ist alleinerziehend. Der Erzeuger hat sich schon längst mit seiner neuen Freundin aus dem Staub gemacht. Sie arbeitet Tag und Nacht, um die Miete zu zahlen, schiebt eine Überstunde nach der anderen, kommt nie zur Ruhe, ist übernächtigt. Sie weiß nicht, wann sie das letzte Mal über fünf Stunden geschlafen hat.

Erika, 34 Jahre alt, kommt nach Hause, da ist es schon stockfinster. Körperlich am Ende, aber sie muss funktionieren. Überall liegen Briefe, ungeöffnet, verstaubt. Kann gerade noch so die Schulausflüge von ihrem Sonnenschein finanzieren. Erschöpft zieht sie ihre Schuhe aus, überall liegen Spielsachen rum. Keine Zeit, sich kurz hinzusetzen.

Der kleine Nils schläft schon. So friedlich und ruhig, wahrscheinlich träumt er von Feuerwehrautos oder wie er mit seiner Mutter im Sandkasten spielt. Ein Traum, der wahrscheinlich nie wahr werden wird. Nachdem Erika die Spielsachen aufgeräumt und alles sauber gemacht hat, packt sie die Schultasche ihres Sohnes. Denn er ist alles für sie, ihr Seelenfrieden, ihr Lebenselixier, ihr bester Freund und ihr Halt.

Sie schaut auf die Uhr. Halb zwei. Nachts. Nachts, wo andere Menschen schon schlafen. Doch sie hat keine Zeit. Aber bald wird es besser, in zwei Wochen gibt es die Gehaltserhöhung. Es war ein steiniger und harter Weg, der sie all ihre Kraft gekostet hat. Aber sie hat es trotzdem geschafft.

Markus, 40 Jahre alt, arbeitslos, lebt auf der Straße. Tag und Nacht kämpft er ums Überleben und bettelt verzweifelt Passanten um ein paar Cent an, um sich am Hauptbahnhof die billigste Breze kaufen zu können. Er sucht jeden Tag die dreckigsten Mülleimer auf, in der Hoffnung, Pfandflaschen oder Essensreste zu finden. Schläft auf einem Pappkarton unter der Isarbrücke, hat seit Jahren keine Dusche mehr gesehen oder gar frische Klamotten. Wärme und Kälte, Markus, 40 Jahre alt, hat schon alles erlebt. Die herablassenden Blicke seiner Mitmenschen, wenn er um ein paar Cent bettelt, er wurde angespuckt, getreten, beschimpft und gedemütigt. Aber es gibt auch gute Tage. Heute hat ihm ein junges Mädchen eine mittelgroße Tüte Pommes geschenkt, die sie im Restaurant nicht mehr geschafft hat. Es war wie Weihnachten und Geburtstag zugleich.

Elisabeth, 80 Jahre alt, sitzt alleine in ihrem großen Haus, das sie damals mit ihrem Mann, mit der Liebe ihres Lebens, gebaut hat. Bilder von ihren Enkeln und Kindern hängen an der Wand. Bilder mit ihrem Mann, wo sie getanzt haben, wo sie geheiratet haben, als alles noch gut war. Der Sessel, wo er immer saß und seine Zeitung gelesen und seinen starken Kaffee getrunken hat. Danach hat er immer seine Lesebrille auf den Beistelltisch abgelegt und hat Elisabeth in den Arm genommen. Sein Duft steigt ihr heute noch in die Nase.

Es sind zehn Jahre vergangen, er trinkt keinen starken Kaffee mehr, der Sessel ist leer. Es ist ruhig in dem Haus, keine Musik, zu der sie tanzen kann, keinen Tanzpartner, die Liebe ihres Lebens ist fort. Das einzige, was ihr bleibt, sind die Bilder und Erinnerungen. Doch sie versucht, stark zu bleiben. Denn sie weiß, dass sie sich an einem besseren Ort wiedersehen und für immer tanzen werden.

Melina, 16 Jahre alt. Keine schöne Kindheit, schon früh abgestürzt in die Drogensucht. Jeden Tag Pillen, jeden Tag ein neuer Trip, jeden Tag das Bedürfnis, den inneren Schmerz zu betäuben. Jeden Tag eine andere Rasierklinge in der Hand, jeden Tag neue Narben, jeden Tag aufs Neue von ihren Depressionen und ihrer Sucht gekennzeichnet. Und jetzt? Zwangseinweisung, jeden Tag neue Medikamente, jeden Tag ein neues Gespräch mit dem Therapeuten. Ein kleines Zimmer, mit nur einem Bett, weißer Bettwäsche und schneeweißen Wänden. Erschöpft und müde schaut sie aus dem Fenster auf den Garten. Der Garten, den sie jeden Tag sieht, der ihr das Gefühl von Freiheit schenkt und in dem sie eine Stunde mit Betreuung nach dem Mittagessen verbringen darf. Raus aus dem Gefängnis, frische Luft, das Lachen von kleinen Kindern in ihren Ohren. Wenn die Wörter „so, Melina, jetzt musst du wieder rein" ertönen, ist das Gefühl von Freiheit vorbei.

Stunden später. Die Nacht ist vorbei, die Sonne geht auf. Die ersten Sonnenstrahlen kommen aus ihrem Versteck hervor. Ein neuer Tag bricht an. Alles von vorne, es ist mittlerweile Routine. Der kleine Nils wird in die Schule gebracht, Erika, total übernächtigt, macht sich auf den Weg in die Arbeit. Markus bettelt sich weiterhin durch, um sich wieder die billigste Breze am Hauptbahnhof kaufen zu können. Elisabeth bleiben weiterhin die wunderschönen, kostbaren Erinnerungen und Melina? Die kann es kaum erwarten, nach dieser lästigen Therapiestunde wieder eine Stunde Freiheit kosten zu dürfen. Denn sie wissen ganz genau:

Sonnenaufgang bedeutet ein neuer Tag. Vielleicht einen Schritt näher an ein besseres Leben …

Luxus, Leinwände, Meinung

„Du hast eine Meinung? Dann steh dazu!"

„Du willst gehört werden? Dann rede lauter!"

„Du hast eine andere Meinung als andere? Verändere sie bloß nicht!"

„Du willst mit deinem Standpunkt etwas bewirken? Dann fang an zu reden und hab keine Angst davor!"

Eine eigene Meinung haben. Zu etwas stehen, egal, was andere sagen, und sich ein eigenes Bild machen ist ein Luxus, den viele nicht haben. Dieser Luxus hat nichts mit Diamanten oder Gold zu tun, nichts mit Geld oder Designer-Klamotten oder Schmuck. Das ist alles mit Geld käuflich. Eine eigene Meinung zu haben aber nicht. Vorstellbar, wie eine leere weiße Leinwand. Bereit, bemalt zu werden mit den unterschiedlichsten Farben. Rot, gelb, grün, blau, schwarz, lila – welche Farbe man zur Gestaltung verwendet, spielt dabei keine Rolle. Man nimmt verschiedene Pinsel in die Hand und malt einfach los. Man erschafft sein eigenes Bild, seine eigene Vorstellung, Illusion. Und am Ende? Hat man ein eigenes Endergebnis, etwas, das man selbst erschaffen hat und für die Ewigkeit geschaffen wurde. Etwas, von dem man sagen kann: „Das ist meins. Das habe ich selbst erschaffen. Und das möchte ich zeigen.“

Meinungen sind dazu da, um gehört zu werden. Um sie zu zeigen, zu präsentieren, wie die bunte Leinwand, die man selbst bemalt hat. Natürlich muss man bei der Präsentation mit Gegenwind und Kritik rechnen, natürlich wird das einem für einen kurzen Moment nicht passen. Aber ist es nicht genau das, was verschiedene Ansichten ausmachen? Ehrlich zu sein, sich auszutauschen, obwohl man nicht der gleichen Meinung ist? Versuchen, die andere Partei zu verstehen und sich selbst zu erklären? Andere Meinungen kennenzulernen, zu verinnerlichen und zu verstehen? Das ist doch das, was unsere Gesellschaft ausmacht: unterschiedliche Menschen, unterschiedliche Ansichten, unterschiedliche Bilder, unterschiedliche Perspektiven – wie eine Galerie. Sollten wir diesen Luxus nicht viel mehr schätzen?

Das sollten wir.

Sich nicht unterkriegen zu lassen, zu seiner Meinung stehen, sich nicht einschüchtern lassen – etwas, was sich nicht viele trauen, aber sollten. Gerade jetzt, wo wir uns in einem Zeitalter befinden, die von Meinungsmache, Kommunikation und Manipulation geprägt wird. Gerade jetzt, wo wir die Mittel haben, um auf uns aufmerksam zu machen und mobilisiert zu werden, dass wir uns trauen, den Mut zu finden. Den Mut zur eigenen Stimme, zu eigenen Wörtern, zu einer eigenen Sprache. Die meisten haben Angst davor, dass der Gegenwind zu einem Tornado wird, alles aufwirbeln lässt, bis nichts mehr übrigbleibt. Dabei sollte man trotz der Unwetterwarnung erst recht sein Gemälde aufstellen und es zeigen. Denn es wird trotzdem stehen bleiben und nicht davonfliegen.

Menschlichkeit

Mensch. Menschen. Menschlich. Menschlichkeit.

Menschlichkeit – würde ich auf die Straße gehen und Passanten befragen, was das Wort Menschlichkeit bedeutet, so glaube ich, würden viele keine Antwort darauf haben. Oder zumindest nicht wissen, was sie antworten sollen.

Wie denn auch: Wir Menschen denken heutzutage nur ans Funktionieren und Rennen durch das Leben, als wäre es ein Marathon, ohne an die Menschlichkeit zu denken. Alles muss schnell gehen, alles muss funktionieren, alles muss stimmen, es darf nichts falsch sein, nichts zu langsam. Wie soll denn da einer von unserer Gesellschaft noch wissen, was Menschlichkeit bedeutet?

Menschlichkeit. Dieser Begriff bedeutet mehr als das Funktionieren wie eine Maschine. Es bedeutet, Schwächen zu zeigen, zu seinen eigenen Macken und Fehlern zu stehen und auch mal auf den Pause-Knopf zu drücken. Atmen, Augen zu und die Menschen um uns herum wahrzunehmen, genauso wie die Umgebung von dem wunderschönen Planet, der uns geschenkt wurde.

Nicht immer nur durch das Leben zu rennen, sondern jeden Tag, den man lebt, zu genießen. Jede Blume wahrzunehmen, an der man vorbeiläuft, der Kassiererin „Guten Morgen" zu sagen, man weiß schließlich nicht, ob sie am nächsten Tag wieder an der Kasse sitzt. Jede Minute mit Freunden zu genießen, egal, ob bei einer Runde Bierpong, einem herzzerreißenden Film oder das Herz ausschütten, weil der Freund Schluss gemacht hat.

Nach einem Streit den Bruder in den Arm nehmen und sagen „Ich hab' dich lieb" und bedingungslos zu lieben. Ehrlich sein, keine Angst vor Wahrheit oder Risiko haben. Unsicherheit und Angst zeigen. Niederlagen hinnehmen, Siege feiern und als Sprungbrett sehen. Wertschätzung, über seinen Schatten springen, Kompromisse eingehen, ein Lächeln schenken.

Keine Tränen verbergen, nur, weil man sich schämt, sie zu zeigen, wütend zu werden, verzweifelt zu sein. Ein Mensch zu sein. Nicht immer nur abliefern und Leistungen erbringen, sondern auch mal scheitern und um Hilfe bitten, wenn man selbst nicht weiterkommt.

Lachen, weinen, scheitern, gewinnen, lieben, wütend sein, aufstehen, weitergehen, genießen, schätzen.

Mensch. Menschen. Menschlich. Menschlichkeit.

Menschlichkeit – würde ich auf die Straße gehen und Passanten befragen, was das Wort Menschlichkeit bedeutet, so glaube ich, würden viele keine Antwort darauf haben.

Aber vielleicht habt ihr sie jetzt.

Ein Leben über dem Tellerrand

Über den Tellerrand hinausschauen. Oder über den Tellerrand drüber schauen, wie man es nennen will.

Ein einfacher Satz oder besser gesagt: ein Satz, der sich einfach sagen lässt.

Hat nichts damit zu tun, seinen Tisch zu begutachten und die Krümel von der Semmel anzustarren, die man vorher gegessen hat, dem Bolognesefleck einen leidenschaftlichen Blick zuzuwerfen oder mit der Cola Blickkontakt zu halten, weil man daneben geschüttet hat.

Raus aus der eigenen Komfortzone, einfach machen, sich trauen, neue Dinge auszuprobieren, über seinen eigenen Schatten springen. Problematisch, wenn man bedenkt, dass der Mensch ein Gewohnheitstier ist. Bloß nicht raus aus der Komfortzone, wo es sicher ist, man Wärme und Geborgenheit spürt, wo keine Gefahr oder Veränderung droht. Aber stehen wir uns damit nicht selber im Weg? Wir denken zu viel, steigern uns rein und am Ende steht man an genau der gleichen Stelle wie vorher und bereut es, nichts dagegen unternommen zu haben.

Offen für neues und Ungewohntes sein, neue Eindrücke sammeln, gewinnen, sehen, seinen Horizont erweitern, damit man mehr sehen kann als Sonnenaufgang und Sonnenuntergang. Entschlossen sein, über den Tellerrand zu schauen und noch mehr die schönen Seiten der Welt zu sehen. Neue Farben zu sehen, neue Bekanntschaften machen, sich selbst von einer neuen Seite kennenlernen, zu sich selbst finden, ach, was weiß ich.

Ich weiß ehrlich gesagt selber nicht, was ich mit dem Text bewirken möchte. Vielleicht liegt es einfach nur am meiner Ansicht, dass wir Menschen uns mehr trauen sollten. Jedes Mal wird der Spruch „wir leben nur einmal“ in den Raum geworfen, wenn es darum geht, aus sich rauszukommen, die Nacht zum Tag zu machen und einfach mal den Kopf auszuschalten. Einfach zu Leben. Über dem Tellerrand. Für einen einzigen Moment.

Ein Überraschungsei aus cremiger Schokolade

Das Leben. Wir wissen nie so wirklich, was im Leben passiert. Jede Minute, jede Stunde, jeden Tag, jede Woche – das Leben steckt voller Überraschungen. So wie ein Überraschungsei: Man kennt nur die Hülle aus cremiger Schokolade und der glänzenden Folie – aber welches Spielzeug sich in dem gelben Döschen befindet, weiß man erst nach dem Öffnen. Es kann ein Stempel sein, eine kleine Filmfigur, ein Spielzeug, das man zusammenbauen muss – es kann alles Mögliche sein. Und genauso ist es mit dem Leben.

Diese Ungewissheit und diese „Nichtahnung“ und dieses Nichtwissen, mit der wir durch unser Leben laufen – unglaublich, dass wir das seit unserer Geburt tun. Wir wussten nicht einmal, welches Geschlecht wir haben oder wie die eigenen Eltern heißen.

Natürlich kann man sagen, manches ist planbar, machen wir bewusst oder wissen, wann sie passieren: Verabredungen, Essenseinladungen, Arbeit, Studium, Arbeitszeiten – ich könnte Tausende von Sachen aufzählen. Alles Routine. Man steht auf, macht sich fertig und geht in die Vorlesung oder ins Büro, macht sein Zeug und geht wieder.

Aber weiß man das genau?

Weiß man denn zum Beispiel wirklich, wie bestimmte Prozesse ablaufen oder was genau passiert, obwohl man sie geplant hat?

Ich denke, nicht. Natürlich kann man Dinge auf gewisse Art und Weise kontrollieren, aber das Geschehen liegt nicht in unserer Hand. In welcher Hand es wohl liegt? Das werden wir wahrscheinlich nie herausfinden …

Weiß man denn vorher genau, was auf der Arbeit passiert?

Weiß man denn vorher genau, was auf der Hochschule passiert?

Oder weiß man vorher genau, was bei einer normal scheinenden Essens-Verabredung passiert? Nein, man kann schließlich nicht in die Zukunft blicken.

Man kennt den groben Ablauf, vergleichbar mit der Folie vom Überraschungsei und dem Teil mit der cremigen Schokolade:

Die Hülle ist einem bekannt, aber das Innere, das Innenleben, das kennt keiner. Man kann zum Beispiel nie wissen, dass Sebastian aus deinem Managementkurs in der Vorlesung zusammenklappt, dass dein Lieblingskollege einen Anruf bekommt und die Nachricht erhält, dass sein Kind auf die Welt kommt – ich denke, so langsam versteht man, was ich meine.

Falls nicht, dann nehme ich das keinem übel, manche Sachen muss und kann man nicht verstehen, aber ich sage es gerne noch einmal: Das Leben ist wie ein Überraschungsei.

Regen

Freitag. Datum unbekannt. Uhrzeit? Irgendwas mit Nachmittag. Du stehst draußen und machst irgendetwas. Einkaufen, Kaffee trinken, Essen gehen, Spazieren gehen, whatever. Du schaust den Himmel an. Alles so klar, alles so blau, alles so schön. Du atmest tief durch und widmest dich wieder deinem Zeug.

Dann spürst du es. Diese Kälte, diese aufkommende Kälte, die du an deinen Ohren und deinen Armen spürst. Es wird kalt. Du bekommst Gänsehaut. Ein leichter Wind weht um deine Nase. Ein kalter Wind. Ein Wind, der dein Blut gefrieren lässt. Du merkst, dass eine Veränderung bevorsteht.

Deine Augen wandern wieder zum Himmel. Nicht mehr alles klar, nicht mehr alles so blau, nicht mehr alles so schön. Grau. Ein düsteres Grau. Die Wolken ziehen sich zusammen und fangen an zu weinen. Es regnet.

Die Wassertropfen landen in deinem Gesicht, zuerst vereinzelt und langsam und dann mit der Zeit immer schneller und kälter. Du merkst, wie dein Gesicht kalt wird und dein Atem stockt. Deine Haare, deine Jacke, alles wird von Regentropfen überströmt.

Du versuchst Schutz zu suchen und hältst Ausschau nach etwas, wo du dich drunter stellen kannst. Deine Schritte werden immer schneller, du versuchst dem Regen zu entkommen, aber die Regentropfen rennen mit dir.

Alles um dich herum ist verschleiert und du kannst nichts mehr sehen. Deine Umgebung ist genauso grau wie der Himmel und die Wolken, die vor ein paar Minuten angefangen haben zu weinen. Düster und kalt.

Du findest etwas, wo du dich vor dem Regen schützen kannst. Erst jetzt realisierst du, wie nass du eigentlich bist. Regentropfen laufen an deinem Gesicht entlang, sie tropfen von deinen Haaren und deiner Jacke herab und berühren den Boden. Dir ist kalt. Dein Gefühl spiegelt den Zustand deiner Umgebung wider. Die Regentropfen prasseln weiter auf die Erde herab. Du atmest tief ein und aus, beobachtest das düstere Schauspiel. Du schließt deine Augen und lauscht dem Regen. Die kalte Luft beißt sich an deiner Lunge fest und befüllt deinen Körper.

Doch dann wird es leiser. Die Regentropfen haben aufgehört zu tanzen und werden immer langsamer. Man könnte schon fast meinen, dass sie ihre Kraft verlieren, aus der Puste sind und nicht mehr in der Lage sind zu springen.

Die Nässe verschwindet langsam aus deiner Jacke, deine Haare tropfen nicht mehr und die Regentropfen an deinem Gesicht trocknen an deinen Wangen. Du öffnest langsam deine Augen und beobachtest deine Umgebung.

Es hat aufgehört. Keine Kälte mehr, kein Grau, keine Düsterheit.

Als wäre nie etwas passiert. Du wischst dir deine nassen Haare aus dem Gesicht und wirfst einen Blick in den Himmel. Die Wolken. Weiß wie Zuckerwatte. Der Himmel. So blau wie das schönste Meer der Welt. Ein Licht blickt ganz schüchtern zwischen den Wolken hervor.

Es ist die Sonne. Sie scheint.

Ein schmerzhaftes Paket im Inneren

Lukas. Er sitzt in seinem Zimmer, die Jalousien seit Tagen runter, kein Licht, alles ist dunkel. Die Beine angewinkelt sitzt er in seinem Bett und starrt in die Dunkelheit. Ihn stört die schwarze Leere nicht. Dass er nichts sehen kann, ist im bewusst. Neben ihm eine Zeitung mit der Todesanzeige seiner besten Freundin. Ein Unfall. Die Ärzte konnten sie nicht mehr retten, heißt es zumindest in dem Bericht. Vor zwei Tagen die Beerdigung. Es regnete und war kalt. All die Tränen und traurigen Gesichter um ihr Grab versammelt – um sich zu verabschieden. Keiner bemerkte die warmen Tränen, die aus Lukas Augen strömten. Und da war er. Dieser Schmerz. Dieser Schmerz, der sich ausbreitet, nachdem man jemanden verloren hat. Diese Leere, die ein Mensch hinterlässt, nachdem er von uns geht. Der Gedanke, dass dieser Mensch niemals wiederkommt oder man ihn in den Arm nehmen kann, nachdem man ihn verloren hat.

Anna. Eine Partymaus wie aus amerikanischen Teenie-Filmen. Jeden Tag eine neue Party, jeden Tag Pillen, Koks und Marihuana, jeden Tag ein noch knapperes Outfit, jeden Tag ein noch stärkeres Make-up, um ihre Augenringe zu verstecken.

Egal. Hauptsache Rausch und alles vergessen. Den Schmerz und die Erinnerungen daran betäuben, dass ihr Vater jeden Abend betrunken nach Hause kommt. Ihren Namen vergisst und auch die Tatsache, dass sie seine Tochter ist. Die Tatsache, dass man gegenüber seiner Ehefrau nicht die Hand erheben oder ihr ein blaues Auge verpassen sollte. Jeden Abend Geschrei, Schläge, Blut und Gewalt. Da sind Partys ein toller Ausweg, um die Hoffnung zu vergessen, die man verloren hat.

Schmerz. Ich meine keine Schürfwunden oder gebrochene Knochen. Ein Gefühl, was man nicht spüren möchte. Ein Gefühl, dem man sich stellen muss. Früher oder später empfindet man diese Emotion. Auswege – egal, ob Alkohol, Drogen oder Menschen, die man liebt, von sich wegzustoßen – sind nicht der Weg nach draußen. Jeder hat sein Päckchen zu tragen. Und das ist auch in Ordnung. Auch die Tatsache, dass man sich dem Schmerz nicht stellen möchte und davonrennt, ist auch in Ordnung. Aber früher oder später wird dieser Punkt kommen, oh, glaubt mir ,dieser Tag wird kommen, wo man mit dem Rücken zur Wand steht und dem Schmerz, diesem Päckchen, in die Augen blickt. Wo man sich diesem Gefühl stellen muss. Sich damit auseinandersetzen muss. Und erst dann realisiert, was man hinterlassen hat. Und das ist auch völlig in Ordnung. Aber seid euch bewusst, dass man vor Schmerz nie davonlaufen kann.

Seid euch bewusst, dass dieser Schmerz irgendwann vorbeigehen wird, auch wenn es innere Narben hinterlässt.

Es wird dauern. Zeit in Anspruch nehmen. Dauern, bis der Schmerz vergeht. Setzt euch nicht unter Druck. Ihr werdet von Minute zu Minute oder von Woche zu Woche einen Schritt näher an der Freiheit sein. Es gibt nicht umsonst den Spruch „Zeit heilt alle Wunden". Habt Geduld. Wenn dieser eine Tag kommt, werden ihn viele von euch nicht bewusst wahrnehmen. Aber er wird wunderschön sein. Und Lukas und Anna? Für sie wird dieser Tag ebenfalls kommen. Auch wenn der Weg hart sein wird. Aber er wird kommen. Und dann wird er wunderschön sein.

Ein Bild mit Menschen

Stellt euch einfach mal ein Bild mit einem Mann und einer Frau vor. Sie schauen sich tief in die Augen, küssen sich, denn sie sind Hals über Kopf ineinander verliebt. Ihre langen blonden Haare wehen durch den Wind, er hält ihre Hände ganz fest in seinen und zeigt der Welt: Das ist meine Frau, mit ihr möchte ich alt werden. Ein wunderschönes Bild mit Menschen halt eben. Es häufen sich Kommentare unter dem Bild wie

„So ein schönes Paar"
Oder
„Ihr seid so süß zusammen"
Oder
„Alles Gute euch beiden".

Ein wunderschönes Bild mit Menschen halt eben.

Stellt euch nun einfach mal ein Bild mit zwei Männern vor. Sie schauen sich tief in die Augen, küssen sich, sie sind Hals über Kopf ineinander verliebt. Seine Hände umgreifen sein Gesicht, beide strahlen Glück und Freude aus. Sie möchten beide der Welt zeigen: Das ist mein Mann, mit ihm möchte ich alt werden. Ein wunderschönes

Bild mit Menschen halt eben. Es häufen sich Kommentare unter dem Bild wie

„Schwuchtel“
Oder
„Ekelhaft“
Oder
„Ihr seid Abschaum“.

Nur vereinzelt Kommentare wie
„So ein schönes Paar“
Oder
„Alles Gute euch beiden.“

AfD-Politiker äußern sich mit Kommentaren in der Öffentlichkeit wie „Gleichgeschlechtliche Ehe dient nur zur Islamisierung unseres Landes“
Oder
„Homosexualität ist unnatürlich“
Oder
„Homosexualität ist eine Krankheit, die man behandeln sollte“.

Vergleicht man die Reaktionen und Kommentare dieser Bilder, könnte einem im 21. Jahrhundert echt schlecht werden. Seit wann ist es eine Schande, wenn ein Mensch einen Menschen liebt? Ein Mensch der Welt zeigen will, wie sehr man den

Menschen an seiner Seite liebt? Das Gefühl von Liebe, Geborgenheit und Zweisamkeit spürt? Seinen Lieblingsmenschen küssen und das zeigen möchte? Jemandem das Gefühl von Liebe, Geborgenheit und Zweisamkeit geben möchte?

Gar nichts!

Verinnerlicht man mal die dummen und niveaulosen Kommentare und Meinungen von Vollidioten, die denken, Liebe wäre abscheulich, dann kann man darüber nur lachen. Oder man sollte am besten darüber lachen und sich keinesfalls von solchen Monstern einschüchtern lassen. Oder sich den Gedanken in den Kopf setzen, mit einem würde etwas nicht stimmen oder es wäre falsch, wie man empfindet. Man spürt die Verbitterung solcher Vollidioten, eine innere Unzufriedenheit mit sich selbst – nur weil sie das Prinzip von Liebe nicht verstanden haben und in ihrer kalten Einsamkeit von den schönen Dingen des Lebens geblendet werden. Es gibt weitaus wichtigere Dinge, um die man sich Gedanken machen sollte: Andere Menschen sterben, weil sie nichts zu essen bekommen, andere Menschen sterben, weil sie krank sind oder sie müssen mit ansehen, wie ihre Familienmitglieder vor ihren Augen sterben, weil in ihrem Heimatland Krieg herrscht.

Und ihr zerbrecht euch den Kopf, nur, weil der Nachbar schwul ist oder die Verkäuferin von ihrer Frau zum Essen ausgeführt wird? Traurig.

Sobald man das Prinzip von Liebe verstanden hat, ist es doch egal, ob ich auf Männer und Frauen stehe – oder beides. Es geht doch vielmehr darum, das Gefühl von Liebe und Freude zu spüren. Und da sollte Menschlichkeit im Vordergrund stehen und nicht die Zuneigung eines bestimmten Geschlechts.

Am Ende des Tages sieht man nämliches eines: ein Bild mit zwei Menschen

Das Klischee der Erdbeerwoche

Es gibt viele Dinge, die Jungs von Mädchen unterscheiden. Zum Beispiel Stimmbruch und Geschlechtsorgane.

Zudem gibt es auch einen Zyklus, von dem die Männer verschont werden und den wir Frauen jeden Monat einmal aushalten dürfen: die Periode.

Dafür gibt es unterschiedliche Ausdrücke wie „Erdbeerwoche“ oder „Haiwoche“. Klingt für mich so wie Codewörter, weil man „Periode“ oder „Tage“ nicht sagen darf. Klingt für mich nach einem Thema, über das man in der Öffentlichkeit nicht sprechen darf. Ist aber nicht das einzige, womit sich das weibliche Geschlecht auseinandersetzen muss.

Zum einen sind wir den Vorwürfen ausgesetzt, wir Frauen wären mit Luzifer/Satan verwandt, nur weil wir von unseren angeblich unkontrollierbaren Stimmungsschwankungen eingeholt werden. Wie vom Teufel besessen würden wir unsere Launen an den Mitmenschen auslassen – es sollen angeblich meistens männliche sein – und ihnen das Leben zur Hölle machen. Ihnen so sehr einheizen, dass man meint, man würde in Luzifers Wohnzimmer stehen.

Dabei habe ich es mir auch nicht ausgesucht, einmal im Monat mit starken Stimmungsschwankungen zu kämpfen, als hätten sich in mir Fans der deutschen und italienischen Nationalmannschaft versammelt und würden in den Krieg ziehen. Mal schwächer, mal stärker, mal regelmäßig, mal unregelmäßig. Von Frau zu Frau unterschiedlich.

Es ist auch nicht sonderlich geil, Heißhungerattacken und Gelüste wie eine Schwangere zu kriegen. Und nein, wir sitzen nicht mir zwei Tonnen Schokolade und drei Eimern Eis in unserem Bett und heulen einfach los. Aber trotzdem kann man doch über seine Periode sprechen.

Und dann noch diese Schmerzen. Sie schleichen sich heran wie eine Katze, wenn sie einen Vogel jagen will. Die Schmerzen halten Ausschau. Leise und unauffällig – und, zack!, schnappen sie zu und halten dich gefangen. Man ist manchmal so sehr außer Gefecht, dass Schmerztabletten und Wärmflasche hermüssen. Die Schmerzen stressen einen dann so sehr, dass man wieder Heißhunger auf was Süßes oder einen Schweinebraten mit Knödel und Soße bekommt.

Wie man vielleicht an den letzten Punkten erkennen konnte, bringt die Periode nicht gerade positive Aspekte mit sich. Trotzdem ist es mir noch nicht ganz klar, warum dieses Thema in die Kategorie „Tabu“ oder, wie ich es gerne nenne,

„Thema, was normal ist, aber Menschen sind noch nicht bereit darüber zu sprechen“ zugeordnet wird.

Es ist nichts Ekelhaftes oder Verwerfliches daran, wenn Frauen einmal im Monat zwischen ihren Beinen bluten. Wir haben uns das auch nicht ausgesucht.

Aber kommt es zu der Frage, „schwanger oder nicht schwanger“, werden wir Frauen für unsere Erdbeerwoche bejubelt.

Wie wäre es denn, dafür bejubelt zu werden, dass wir uns den Schmerzen und Heißhungerattacken stellen?

Ich habe das Gefühl, dass dieses Mysterium für die Ewigkeit bestimmt ist.

Marionetten der Gesellschaft

Ich glaube, es gibt den ein oder anderen Menschen, der schon mal ein Marionettenspiel gesehen hat. Puppen, die am seidenen Faden hängen und von Menschen bedient werden.

Das Aussehen? Ich glaube unterschiedlicher kann es gar nicht sein. Lange Haare, kurze Haare, rote Haare, grüne Haare, große Puppen, kleine Puppen, weite Hosen, Hakennase, große Lippen, feine Lippen, Kleider – ich glaube, ich könnte eine ganze Seite darüber schreiben.

Sie bekommen eine Stimme verliehen, einen Charakter – einen Charakter, der Teil eines besonderen Schauspiels werden soll, einer besonderen Geschichte. Diese Menschen hauchen den Marionetten Leben in ihren Körper, steuern alle Bewegungen und Schritte, sofern sie die Fäden fest in ihrer Hand halten.

Geht die Hand nach oben, so geht die Hand der Puppe auch nach oben. Geht die Hand nach links, dann geht die Hand der Puppe auch nach links. Das ganze Stück durch, minutenlang, stundenlang, werden Marionetten kontrolliert. Was sie dabei empfinden könnten, spielt keine Rolle, es geht nur darum, dass sie funktionieren und kontrolliert werden. Mit ihnen kann man machen, was man möchte. Schließlich können Marionetten ohne den

Menschen nichts machen. Sich nicht bewegen, nicht reden, keinen Ausdruck verleihen, kein Leben ausdrücken.

Das Publikum unterhalten. Einem Zweck dienen. Menschen haben diese Puppen in ihrer Macht und kontrollieren sie bis zum Ende des Stückes. Ist das Schauspiel beendet, werden die Marionetten fallen gelassen. Der Zweck ist vorbei, sie werden nicht mehr gebraucht.

Als hätte man ihnen den letzten Hauch an Leben rausgesogen, sacken sie in sich zusammen. Denn der Zweck ist ja vorbei, sie werden nicht mehr gebraucht. Als wären Marionetten die Hülle von etwas und der Mensch die innere Seele und das Gehirn, was alles von außen an den Fäden steuert. Keine Kontrolle, kein Mensch, der sie am seidenen Faden festhält, ihnen Bewegung und eine Stimme, einen Charakter verleiht. Denn der Zweck ist ja vorbei, sie werden nicht mehr gebraucht. Danach werden sie in eine alte Kiste eingeschlossen oder an den Platz zurückgehängt, von der man diese Marionette hatte. Denn man braucht sie dann nicht mehr. Sie müssen schließlich nur dann funktionieren, wenn sie es sollen, wenn man sie braucht und sie ihren Zweck erfüllen müssen.

Ist es nicht verwunderlich, dass es den Satz gibt „Menschen sind nur Marionetten der Gesellschaft?“

Wir sind noch nicht bereit

Tabuthema. Einzahl. Tabuthemen. Mehrzahl. Ich glaube, ich muss nicht weiter darauf eingehen oder erläutern, was ein Tabuthema ist.

Ein Thema, das in der Gesellschaft nicht angesprochen werden sollte.

Ein Thema, das in einer kompletten Nation eine Meinungsspaltung auslöst und mit einem fetten roten Kreuz markiert wird.

Oder ein Thema, was nicht angesprochen werden sollte, weil es zu fatal wäre. Angst und Unsicherheit spielen bei Tabuthemen eine große Rolle. Echt interessant, wenn man bedenkt, dass wir das Jahr 2021 schreiben und Tabuthemen Bestandteil unserer Gesellschaft sind, obwohl unsere Gesellschaft anscheinend einen rasanten Sprung nach vorne gemacht hat. Einen Sprung, der nicht sichtbar ist und wo nur Ansätze leicht im Horizont zu sehen sind und in der Öffentlichkeit als Meilenstein des Jahrhunderts gepriesen werden.

Eine Gesellschaft, in der Toleranz und Respekt mit einem großen Ausrufezeichen versehen werden. Dabei gibt es einen Unterschied zwischen „sein“ und „sein“.

Ein Scheinbild in die Außenwelt tragen, sich in eine Rolle zwängen, die in der Gesellschaft hohes Ansehen verspricht und dem kleinsten Teil des

Landes ein Eigenschaften und Einstellungen vorgaukeln, die gar nicht existieren – beziehungsweise noch in Bearbeitung stehen.

Auf der anderen Seite die Sicht auf Menschen mit wahren Idealen vernebeln, sodass man sie nicht einmal mit der stärksten Taschenlampe der Welt sehen kann. Menschen mit Herz und einem offenen Weltbild, die Menschen auf ihr Menschsein reduzieren und nicht durch das äußere Erscheinungsbild oder sexuelle Orientierung ihr Weltbild erweitern und mit den unterschiedlichsten Farben bemalen. Menschen, die für eine bunte Einheit stehen.

Interessant ist, dass Sexualität oder Herkunft immer noch als Grund dient, Menschen zu diskriminieren oder von einem gesellschaftlichen Miteinander auszuschließen. Oder dass es immer noch Menschen gibt, die meinen, man wäre kriminell, nur weil die Eltern aus dem Iran kommen oder man kein europäisches Aussehen hat. Stellt euch mal vor, Deutsche würden auf der Straße verprügelt werden, weil jemand in der Vergangenheit eine falsche Weltansicht hatte. Unvorstellbar, oder? Warum also Menschen auf ihr Aussehen oder ihre Herkunft reduzieren?

Auch die Tatsache, dass LGBTQ erst auf die Erlaubnis warten musste, bis man offiziell – oder gesetzlich – mit seinem Herzensmenschen vor den

Altar schreiten darf, um den Bund der ewigen Liebe zu besiegeln. Die Tatsache, dass Herkunft und Hautfarbe in den meisten Fällen nicht akzeptiert werden, wobei die Gesellschaft einen angeblich so großen Sprung nach vorne gemacht hat.

Einen Sprung ins Leere – ich glaube das würde die Bewegung am besten beschreiben.

Reflexion zu sich selbst

Hätte mich jemand vor ein paar Monaten gefragt, was ich unter Selbstreflexion verstehe, so bin ich ehrlich: Ich hätte nicht gewusst, was ich antworten soll. Wahrscheinlich hätte ich so wie die meisten Menschen das Wort in eine Suchmaschine eingegeben und nach kurzem Einlesen selbstbewusst die nächstbeste Definition in den Raum geworfen – ohne zu wissen, was ich da überhaupt von mir gebe. Irgendwo nicht verwerflich, schließlich möchte keiner als ahnungslos dastehen.

Jeder Mensch durchlebt die Phase der Selbstreflexion, einige früher, einige später. Durch verschiedene Bekanntschaften, Schicksalsschläge und Entscheidungen kann diese Phase ins Rollen gebracht werden. Als würde man versuchen, ein Auto anspringen zu lassen. Bekanntlich wird dazu ein Schlüssel benötigt.

Eine Reise zu sich selbst – ich denke, das beschreibt Selbstreflexion am besten. Eine Reise nach dem ewigen Glück und das Stillen des Strebens nach seelischer Ausgeglichenheit. Am Ende des Tages möchte doch jeder Mensch nur glücklich sein, ohne dabei seinen inneren Kern zu verlieren und sich zu verstellen. Antworten auf die Fragen zu finden, wer man ist, für welche Werte man einsteht, wie man sich nach außen präsentieren will und was man im Leben möchte. In meinen Augen macht jeder Mensch – gerade meine Altersgruppe – diese Phase durch. Denn man kann nie genug über sich selbst lernen.

Obwohl Selbstreflexion auf dem ersten Blick nach einer schwerelosen Reise klingt, ist diese Phase etwas, das ohne Leistung und Arbeit nicht zu erreichen ist. Ich habe das Gefühl, dass viele Menschen dieses Prinzip noch nicht verstanden haben. Erfolge und das Erreichen von Zielen fliegen einem nicht in den Schoß – wäre schön, wenn es so wäre. Vielmehr sollten wir Menschen lernen, dass Selbstreflexion – beziehungsweise die Reise zu sich selbst – ohne Arbeit nicht zu erreichen ist. Egal, ob es das Absolvieren eines Studiums oder die Entwicklung des eigenen Weltbildes ist: Nur durch Disziplin, Offenheit und Selbsttreue kann man diese Phase antreten und abschließen. Dabei sollte der Mensch sich darüber im Klaren sein, dass Scheitern keine Schande ist. Es ist wichtiger, was man daraus macht und den Steinen ausweicht, damit sein eigenes Ziel erreicht wird. Ballast und Menschen, die einen runterziehen, sollten dabei kein ewiger Teil des Lebens sein. Auch wenn die Gefühle Schmerz, Trauer und Antriebslosigkeit Bestandteile dieser Phase werden können, bin ich mir sicher, dass danach die Sonne umso stärker scheinen wird und dieser besagte Tag in das persönliche Geschichtsbuch eingeht.